VIGNEUL-SOUS-MONTMÉDY

Quelques Notes d'Histoire Locale

DÉTAILS INÉDITS

Par l'Abbé Ch. LEMOYNE

Curé de Thonne-les-Prés et Vigneul-sous-Montmédy

Prix : 50 Centimes

MONTMÉDY

Imprimerie Paul Girardot et Cie

1906

VIGNEUL-SOUS-MONTMÉDY

Quelques Notes d'Histoire Locale

DÉTAILS INÉDITS

PAR L'ABBÉ CH. LEMOYNE

Curé de Thonne-les-Prés et Vigneul-sous-Montmédy

Prix : 50 Centimes

MONTMÉDY

IMPRIMERIE PAUL GIRARDOT ET Cie

1906

Nous dédions cette courte notice historique et religieuse à nos paroissiens de Vigneul.

Nous les prions d'y voir une marque de notre affection et de notre dévouement.

En la publiant, notre but n'a pas été de leur donner une histoire savante et complète de leur village. Nous avons voulu tout simplement leur permettre de conserver, au sein de leurs familles, pour les générations futures, certains souvenirs locaux, toujours intéressants, et dont le prix augmente avec les années.

** * **

Nous remercions sincèrement toutes les personnes qui ont bien voulu nous aider de leurs conseils et de leurs renseignements, ou nous communiquer certains documents inédits, grâce auxquels nous avons pu mener à bonne fin notre travail.

C'est à elles tout d'abord qu'appartient la dédicace de cette modeste brochure.

Ch. L.

VIGNEUL-SOUS-MONTMÉDY

I

LE NOM DE VIGNEUL

Vigneul s'écrivait autrefois *Vigneulx* ou *Vigneux* et l'on disait : *les Vigneux*.

D'où vient ce nom de *Vigneux?*

Vient-il de ce que, dans les siècles passés, certaines parties du territoire de Vigneul étaient plantées de vignes?

Nous n'avons pu recueillir aucun renseignement absolument précis à ce sujet, mais rien n'empêche de le croire.

M. le Président Jeantin avait admis d'abord cette supposition ; il l'a rejetée ensuite pour tirer l'origine du nom de Vigneul de la nature même du sol :

« *Vigneuls* (les) ; *villa visnioli.*

« *Visniolum*, dit-il, indique que la *force d'union* des cou-
« ches *liasiques*, avec celles de *l'oolithe*, s'est trouvé *annihilée*,
« par le *flat* de celles-ci, sur les marnes bleues supérieures.
« L'affaissement, opéré au lieu dit *le montant du Flata*, sous
« le promontoire du *Hoche*, est la cause encore visible de
« l'appellation. »

Cela ne paraît-il pas bien scientifique et bien au-dessus des connaissances géologiques que l'on pouvait avoir dans les temps reculés de la naissance du village de Vigneul?

« La nature du sol, ajoute-t-il, et son exposition en
« même temps que la teneur des chartes, repoussent toute
« idée de viticulture. »

Nous n'avons pas autorité pour nous élever contre cette opinion de M. le Président Jeantin ; néanmoins, nous estimons que la nôtre ne doit pas non plus être rejetée *a priori*.

Pourquoi, à l'origine, les premiers habitants n'auraient-ils pas essayé de cultiver la vigne comme on l'a cultivée à Thonne-les-Prés, à Chauvency-le-Château, à Quincy, et comme on la cultive encore quelque peu à Montmédy et à Juvigny, et pourquoi n'auraient-ils pas tiré de leurs plantations la dénomination du groupe de maisons qu'ils habitaient?

Aussi bien, des vieillards que nous avons consultés sont de cet avis et se souviennent d'avoir entendu dire la même chose à leurs aïeux.

Quoiqu'il en soit, ce terme de *Vigneulx* ou *Vigneux* se trouve fréquemment reproduit dans les divers actes religieux et en particulier dans la plupart des pièces des archives de l'ancienne Abbaye d'Orval, — ces archives sont conservées au gouvernement provincial d'Arlon (Belgique), — et de ce fait nous inclinons à croire que c'est bien ainsi que l'on désignait jadis l'annexe actuelle de Thonne-les-Prés et que l'on devrait encore la désigner et en écrire le nom.

Serait-il téméraire de voir une autre preuve de notre sentiment dans l'expression du patois populaire dont se servent les habitants en parlant de leur village? Ils prononcent en effet *Vignu*.

Nous ne le pensons pas.

II

LE VILLAGE — LA COMMUNE

Vigneul s'étend sur la rive gauche de la Chiers, au pied des collines boisées qui le séparent de Chauvency-le-Château, Quincy et Han-les-Juvigny.

A quelle époque remonte son origine? Il est assez difficile de le préciser.

Il est certain toutefois que cette origine remonte à une date assez éloignée et qu'il y eut des habitations, non seulement à l'emplacement du village actuel, mais encore dans différents lieux voisins.

On retrouve encore, en effet, des substructions ou des

vestiges d'habitations à *Tancourt*, à *la Masure* (non signifi-
catif), au lieu dit *la Pièce de Quinze Jours* (en dessous du
bois du Hoche) et *à Villers* où il y avait sûrement un pont
qui permettait de traverser la Chiers et d'accéder sur le
territoire de Chauvency-le-Château.

Vigneul actuellement n'est presque formé que d'une
seule rue, laquelle s'étend du Nord-Est au Sud-Ouest et se
divise en trois parties : le *Saulcy*, le *village* proprement dit
et le *Larry* ou *Larrey*.

La partie la plus ancienne est celle du *Saulcy*, du côté
de Thonne-les-Prés, en dessous du bois du Hoche.

*
* *

Vigneul fut érigé en commune par Louis V, comte de
Chiny, et par Ide de Chiny, abbesse de Juvigny.

La Charte d'affranchissement date « *du mercredi de
devant la Pasque fleurie ou mars 1276* ».

Il appartint successivement au comté de Chiny, au
duché de Bar et au duché de Luxembourg.

Il fut réuni à la France, avec toute la prévôté de Montmédy dont il dépendait, par le traité des Pyrénées, le 7 novembre 1659.

Le chiffre de la population a beaucoup varié. Après avoir
été de 25 à 30 habitants à peine au milieu du XVIIIe siècle
(1740), il s'est élevé jusqu'à 300 et 350 au milieu du
XIXe siècle (1840 et 1850). Aujourd'hui il n'atteint plus 200.

NOMS DES MAIRES DE VIGNEUL DEPUIS LA RÉVOLUTION

JACQUES PIERSON, en l'an VIII ou 1800 ;
N. DE BEHAIGNE, en l'an XII ou 1804 ;
JOSEPH MACQUET, 1807 ;
N.-PIERRE DE BEHAIGNE, 1809 ;
JOSEPH MACQUET, 1813 ;
GILLES DOMANGE, 1821 ;
PIERRE JACQUEMIN, 1833 ;
J.-B. MOTELET, 1835 ;
JEAN FALALA, 1835 ;
Le capitaine PIERRE GUILLAUMONT, 1848 ;

J. Franc-Meunier, 1852 ;
Pierre Grandjean, 1860 ;
Arthur Motelet, 1863 ;
Joseph Meunier, 1870 ;
Nicolas Baudot, 1875 ;
Joseph Meunier, 1879 ;

Nous nous contentons de ces quelques détails d'ordre topographique et politique, notre but étant surtout, dans cette courte étude, de nous occuper de Vigneul au point de vue ecclésiastique ou religieux.

III

ORDRE SPIRITUEL
JURIDICTION ET DÉPENDANCE ECCLÉSIASTIQUES

Vigneul, comme un grand nombre de villages de cette contrée, avant la Révolution, était soumis au point de vue spirituel, à la juridiction *épiscopale* de l'Archevêque (1) de Trèves et à la juridiction *curiale* de l'Abbé d'Orval.

Il dépendait de l'archidiaconné de *Sainte-Agathe* de Longuyon, du doyenné ou de la chrétienté de *Sainte-Scholastique* de Juvigny et était annexe de la cure de *Saint-Martin* de Montmédy. (A cette époque, Thonne-les-Prés constituait une cure spéciale et distincte et n'était en aucune façon, comme aujourd'hui, chargé du service religieux de Vigneul).

Il était en outre placé sous la suzeraineté de *l'abbaye de Juvigny,* pour moitié, indivisément avec les *comtes de Chiny.*

* *

L'Abbaye d'Orval possédait à Vigneul *une cense* (2) appelée la

---

(1) L'évêché de Trèves, fondé sous Constantin, fut transformé en archevéché un peu avant Charlemagne. Depuis le commencement du siècle dernier il est redevenu simple évêché, suffragant de l'archevêché de Cologne.

(2) La *cense d'Orval* fut vendue par l'administration du Département de la Meuse, par contrat du 2 fructidor, an V de la République, enregistré à Bar-sur-Ornain, le 3 du même mois, au citoyen Ledoux, négociant à Montmédy.

Celui-ci la revendit en détail peu de temps après aux habitants de Vigneul et des localités voisines.

cense des *Moines d'Orval* et composée de bâtiments et dépendance, de 50 jours de terre et de 12 fauchées de pré, plus le quart d'une autre cense que l'on appelait la *cense d'Ardenne*.

Les Dames de Juvigny y avaient à leur tour la *cense* dite cense de *la caution* et qui comprenait 120 jours de terre et 44 fauchées de pré.

La *cense des Religieuses* de Marville était beaucoup moins considérable et n'équivalait guère qu'au tiers, tout au plus à la moitié de chacune des deux autres.

Enfin le reste du territoire appartenait aux quelques habitants de Vigneul lesquels, avons-nous dit plus haut, étaient peu nombreux avant 1789.

* *
*

La dîme se prélevait au profit des Dames de Juvigny et de l'Abbaye d'Orval, par moitié.

La *Grange aux Dîmes* se trouvait à la place de la maison occupée maintenant par M. Falala Claude, maréchal-ferrant, et on peut voir encore à la ferme, appartenant actuellement à Mme la baronne Jules de Benoist et exploitée par M. Louis Jullien, des murs, d'une épaisseur extraordinaire et très curieuse, qui sont des restes, disent les anciens, des bâtiments où des engrangements des moines et des religieuses.

IV

LA CHAPELLE OU LA PREMIÈRE ÉGLISE

Jusqu'au xviie siècle, Vigneul était dépourvu d'église. Les fidèles devaient se rendre à l'*église-mère* de Montmédy, à la ville-haute, pour les différentes cérémonies du culte : offices des dimanches et fêtes, baptêmes, mariages, sépultures, etc.

Ce n'est qu'en 1620 que les habitants de Vigneul forment le projet de construire sur leur territoire une chapelle en l'honneur de la *Sainte-Vierge et de saint Martin*.

L'acte de délibération ou du projet de fondation est daté du 18 janvier 1620.

Dans leur demande d'autorisation, ils donnent comme raison que « la rivière qui sépare Vigneul de la ville de Montmédy est sujette à de trop fréquents débordements et que, par suite, en hiver, les vieillards et les enfants se voient empêchés de satisfaire à leurs obligations religieuses et de recevoir les sacrements ».

Il n'existait pas alors, en effet, de pont véritable sur la Chiers et il est probable que l'on traversait cette rivière à certains endroits guéables, ou avec une barque, ou à l'aide d'une passerelle ou pont très rudimentaire.

Et ils ajoutent « que par ce fait de la construction d'une chapelle dans leur village, le culte gagnera en éclat, que les sacrements seront administrés plus promptement et plus facilement et que les fidèles rempliront mieux et plus exactement leurs devoirs religieux ».

Cette demande d'autorisation était adressée à Dom Bernard de Montgaillard, abbé d'Orval et curé « *primitif* », c'est-à-dire, curé principal de Montmédy.

L'Abbé d'Orval était effectivement le véritable curé, le curé en premier ou en chef, si l'on peut dire ainsi, de beaucoup de paroisses de cette région, jusqu'à Longuyon, Damvillers et Stenay, pour ne parler que de ce coin de notre pays, et les prêtres placés à la tête de ces paroisses ne les administraient qu'en son nom et comme curés secondaires et lui versaient, croyons-nous, de ce chef, chaque année, une redevance plus ou moins importante.

Dom Bernard de Montgaillard approuva les motifs qui lui étaient exposés et, le 29 juin 1620, accorda la permission de construire la chapelle.

Les habitants de Vigneul s'engagèrent alors :

1º A ériger dans ladite chapelle un autel en l'honneur de saint Pierre, prince des Apôtres.

(La chapelle se trouva ainsi dédiée à la fois à la Sainte-Vierge, à saint Pierre et à saint Martin.)

2º A fournir les revenus nécessaires à la célébration, chaque année, de douze messes pour les trépassés et à contribuer, comme auparavant, à l'entretien de l'église-mère de Montmédy.

Pour l'acquit de ces messes ils donnèrent une fauchée de pré à la couture de Doncée, royer Rohan, d'une part, et les aisances, d'autre part. (Ce pré est actuellement propriété communale).

La première messe fut dite le jour de Noël.

La chapelle fut dès lors desservie par un vicaire ou chapelain dépendant de la cure de Montmédy.

Les Dames de Juvigny étaient chargées de l'entretien du chœur.

Les vieillards racontent, pour l'avoir entendu dire par leurs aïeux, que Louis XIV, lorsqu'il vint dans ce pays au moment de la guerre contre les Espagnols, y fit la sainte communion avant de donner le signal de l'assaut à la forteresse de Montmédy et que de là il se rendit avec sa Cour sur le haut mamelon des Chaumonts (1657).

V

LA DOUBLE FÊTE DE SAINT PIERRE ET SAINT MARTIN

D'après ce qui précède, on s'explique facilement pourquoi, à Vigneul, se célèbre, pour ainsi dire, une double fête patronale, la Saint-Pierre, et la Saint-Martin, et pourquoi la Saint-Martin même y a gardé aux yeux des habitants, en quelque sorte, un caractère de solennité plus grande.

C'est parce que la chapelle primitive fut élevée en l'honneur de ces deux saints, et même, tout d'abord et plus particulièrement, en l'honneur de saint Martin.

Mais depuis le rétablissement du culte catholique en France, après la tourmente révolutionnaire, et surtout lors de la bénédiction de la nouvelle église, l'autorité épiscopale a désigné définitivement comme patron du village, le prince des Apôtres, saint Pierre, et c'est la fête de saint Pierre qui est la seule et véritable fête patronale de Vigneul.

VI

LA CHAPELLENIE DE VIGNEUL

Le 22 août 1679, l'Archevêque de Trêves, accompagné de l'Abbé d'Orval, vint faire sa visite pastorale à Montmédy et ratifia la permission accordée aux habitants de Vigneul par Dom Bernard de Montgaillard.

Le chapelain s'appelait alors Désiré Rossignon.

Pendant de longues années le chapelain a dû probablement résider à Montmédy et ne venir au village de Vigneul que pour les cérémonies obligatoires du culte et pour les besoins religieux des fidèles.

C'est ce qui semble ressortir, comme on le verra, d'un « *accord établi entre l'Archevêque de Trêves et l'Abbé d'Orval* « *d'une part, et la Communauté de Vigneul d'autre part, pour* « *l'entretien de la chapelle et du chapelain* ».

D'après cet *accord*, daté de 1688, l'autorisation de posséder une chapelle ouverte à la célébration des offices et à l'administration des sacrements est confirmée aux habitants de Vigneul.

Mais des conditions leur sont imposées.

1º Ils devront verser annuellement entre les mains du chapelain, pour l'entretien de ladite chapelle, 21 livres tournois, sans, pour cela, être déchargés de remettre, comme par le passé, leur quote-part pour l'entretien de l'église-mère de Montmédy.

2º Ils devront donner au chapelain, pour sa subsistance et son entretien personnel, *six* jours de terre labourable « *en roye et à chaque saison* », soit 18 jours, et 11 quarts de pré, à savoir :

6 jours en une pièce à la couture de Chambas ;
4 jours en une pièce à la couture de Doncée ;
Un jour et demi, même couture, au lieudit Lonet, actuellement Vozé ou Vauzé ;
Un demi-jour, même couture, dans les aisances ;

4 jours à la couture du Saulcy, dans le vallon de la Croix ;

Et 2 jours, même couture, à la Fosse ;

9 quarts de pré, d'un seul tenant, appelé le Petit Pré ;

Et une demi-fauchée à Villers.

3° Le chapelain aura la jouissance du droit de glandée, du bois de chauffage et du pâturage, comme tous les autres bourgeois et sans aucune charge ni redevance.

D'autre part, dans ledit *accord*, les obligations du chapelain sont explicitement désignées.

Il sera tenu : 1° de résider à Vigneul ;

(Cette clause indique donc clairement, comme nous l'avons fait remarquer, qu'auparavant il n'avait pas son habitation dans le village.)

2° De dire la messe tous les dimanches et fêtes « *de garde* » de l'année ;

3° De faire les prônes et instructions ;

4° D'instruire les enfants et de tenir école, moyennant une rétribution raisonnable, comme il se pratique ailleurs ;

(Ce qui prouve péremptoirement que dans ce pays, ainsi que partout ailleurs du reste, l'Eglise catholique, contrairement à l'accusation portée contre elle par des adversaires haineux et sans scrupule, n'était pas plus autrefois qu'aujourd'hui, l'ennemie de la civilisation, de la science et du progrès, et qu'elle n'a pas attendu les tristes héros de la Révolution pour établir des écoles. L'histoire impartiale nous apprend plutôt que, grâce aux évêques et aux moines, ces écoles étaient partout nombreuses et prospères.)

5° De fournir le pain et le vin pour la messe, à la décharge des habitants.

Mais pour l'aider à remplir cette dernière obligation, des fidèles généreux lui octroyèrent les libéralités suivantes :

Il lui fut donné :

(*a*) Par Collin Henry, une demi-fauchée de pré *à Villers*, royer Pierre Rohan et la veuve et les héritiers d'Errard Poncelet, à la charge d'acquitter seulement deux messes par an ;

(b) Par Alix Collignon, une autre demi-fauchée au même lieu, royer Jeanne Baalon et Jean Guinin, à la charge également de dire deux messes chaque année ;

(c) Enfin, par Jacques Arnould, maire de Vigneul, un quart de pré à l'*Espinne*, royer Françoise Ferron et les Religieuses de Marville, avec la clause formelle, que cette parcelle de pré était donnée « en propre au chapelain et à perpétuité pour le pain et le vin d'autel, et que ladite fondation devait rester exempte de toute charge ».

De son côté, l'Abbé d'Orval promettait de donner pour le chapelain 1,200 livres tournois.

VII

LE PRÉ DE MONSIEUR LE CURÉ

Mais ces donations et fondations furent emportées par la Révolution.

La chapelle resta debout, mais le chapelain disparut et la Nation, comme partout ailleurs, s'empara du petit patrimoine ecclésiastique qui avait été constitué à Vigneul par la générosité des fidèles.

Un dernier vestige de ces pieuses largesses avait cependant survécu aux destructions révolutionnaires et avait subsisté jusqu'à notre époque.

Par un sentiment qui lui fait honneur, le Conseil municipal, lorsque le culte fut rétabli par toute la France, avait toujours voulu continuer à laisser au prêtre chargé de la desserte de Vigneul un des prés légués par les fondateurs pour le pain et le vin d'autel.

Mais des années ont passé, l'oubli s'est fait dans les esprits et dans les cœurs et peut-être aussi les idées nouvelles d'anticléricalisme ont-elles prévalu.

Quoiqu'il en soit, dernièrement quelques-uns ont prétendu que le *pré de Villers* n'avait été alloué autrefois à notre vénérable prédécesseur, M. l'abbé Cardon, que parce que celui-ci possédait un cheval, et que la municipalité n'avait eu en cela d'autre dessein que de subvenir pour une part à l'entretien de ce cheval d'une réelle utilité pour le digne curé.

Et alors, sous prétexte que nous, « nous n'avons pas de cheval à nourrir et qu'un pré nous est inutile» la jouissance dudit pré nous a été retirée par le conseil municipal au commencement de l'année 1905.

N'est-il pas étrange toutefois — pour le noter en passant — qu'on ne s'en soit aperçu qu'après plus de 15 ans? M. l'abbé Cardon est mort en 1889, et jusqu'en 1905 ses deux successeurs n'ont jamais eu de cheval dans l'écurie du presbytère, et néanmoins le pré leur fut toujours accordé pendant cet intervalle de temps.

Mais n'insistons pas. Aussi bien, il est de la dernière évidence, d'après les documents authentiques cités plus haut, qu'en raisonnant ainsi on a commis une grande erreur.

La jouissance du pré de Villers était bien une partie de la fondation dûment et légalement établie en faveur du chapelain de Vigneul pour le pain et le vin de la messe.

Aucun doute à cet égard n'est possible.

Preuve certaine et bien significative entre autres : c'est que ce pré est bien situé *à Villers*, comme il est dit dans l'acte de fondation, et exactement à l'endroit indiqué.

Pourquoi, en effet, aurait-on, d'une façon si précise, attribué celui-là au prêtre desservant et non pas un autre, si les anciens ne s'étaient souvenus de la fondation faite par leurs devanciers et des obligations contractées de ce chef par les habitants du village?

En retirant la jouissance de ce pré au curé chargé du service religieux on a donc détruit les derniers restes d'une fondation pieuse très légitime et très louable ; on a méconnu les volontés suprêmes et très expressément déterminées des ancêtres, entre autres, celle *d'un maire de la commune ;* on a tout simplement consommé l'œuvre néfaste de la Révolution.

En écrivant ceci nous n'avons nullement l'intention de récriminer contre un fait accompli. Bien loin de là. Nous plaçons notre sacerdoce et notre zèle pastoral bien au-dessus des quelques francs qui constituaient le faible revenu du pré en question. Nous n'avons fait ces recherches dans les vieux documents et nous n'avons voulu les publier que par souci de la vérité historique et des droits de l'Eglise, et pour dégager des événements anciens et récents une leçon que nous dirons plus loin.

Nous ne prétendons pas discuter et incriminer les sentiments et les intentions des membres du conseil municipal qui ont été d'avis de nous retirer le bénéfice de cette fondation et les accuser d'avoir agi, en cette circonstance, par esprit d'hostilité à l'égard de notre personne. Nous préférons croire qu'ils ne connaissaient plus les raisons pour lesquelles la jouissance du *pré de Villers* était accordée au desservant de leur commune et qu'ils ignoraient qu'en l'état il s'agissait d'une fondation des plus authentiques, et nous n'avons d'autre but que de leur rappeler charitablement, qu'en rompant ainsi avec un usage toujours respecté par leurs prédécesseurs, ils sont allés, sans le savoir, à l'encontre du *droit* et de *la justice*.

*
* *

Par le Concordat l'Eglise catholique a renoncé à toute revendication sur les biens qui constituaient son patrimoine avant la Révolution et qui avaient été aliénés pendant la Révolution, mais à la condition que l'Etat s'engagerait à fournir un traitement convenable aux ministres du culte, d'où, *le Budget des Cultes*.

Mais tous les biens de l'Eglise n'avaient pas été aliénés.

Or, en même temps que les édifices du culte étaient mis à la disposition des évêques avec affectation perpétuelle à l'exercice du culte, les biens non-aliénés étaient rendus aux établissements du culte : églises, cures ou fabriques, pour, ceux-ci, en posséder les revenus et en acquitter les charges à perpétuité.

On peut donc en conclure que ces biens d'Eglise non aliénés à la Révolution, comme les édifices du culte, sont restés grevés d'une affectation perpétuelle au culte catholique et sont devenus imprescriptibles et inaliénables.

Or, il est incontestable que la commune de Vigneul détient encore actuellement une partie des prés, — à Villers, principalement — qui avaient été donnés au chapelain, soit par la communauté chrétienne tout entière, soit par des particuliers, avec une affectation spéciale et perpétuelle.

Comment détient-elle ces biens ?

Voici une opinion très rationelle qui nous a été soumise et que nous partageons absolument :

On peut très bien admettre que Vigneul, après la Révolution, ne possédant point d'établissement du culte, cure ou fabrique, puisqu'il n'était que chapelle vicariale de Montmédy, les biens non aliénés, restitués, sont rentrés tout naturellement dans le domaine communal et sont devenus tout naturellement biens de la commune.

Mais celle-ci, en en acceptant la propriété, reconnut immédiatement les charges qui les grevaient, puisque dès le rétablissement du culte dans sa chapelle, elle concéda la jouissance d'une partie au desservant, pour le pain et le vin d'autel, comme il est stipulé par les fondateurs, qu'elle continua de le faire jusqu'au printemps de l'année dernière et que la partie dont la jouissance fut ainsi concédée se trouve précisément, nous l'avons dit, à l'un des endroits indiqués dans les actes de fondation.

Donc :

1º La commune de Vigneul ne pouvait, sans léser le droit autrefois reconnu par elle-même, retirer la jouissance d'un bien grevé d'une charge spéciale et clairement désignée, à savoir, dans l'espèce, la fourniture du pain et du vin pour la messe ;

2º La raison mise en avant que la jouissance de ce bien n'avait été accordée que pour aider à l'entretien du cheval de notre vénérable prédécesseur est inadmissible, l'affectation dudit bien étant bien antérieure à l'époque de ce desservant et la jouissance en ayant été accordée avant et après M. l'abbé Cardon ;

Et enfin 3º la commune de Vigneul possédant des biens ayant appartenu autrefois à la chapelle à laquelle ils avaient été légués à perpétuité et en toute propriété, c'est-à-dire des biens d'église, leur revenu diminue d'autant la charge qui lui incombe de verser annuellement au desservant une indemnité de 200 francs ; elle ne fait en quelque sorte, par le versement de cette indemnité, qu'opérer une restitution.

En terminant ce chapitre, nous tenons à redire qu'en écrivant ces lignes, nous avons laissé de côté toute question de personne, que nous n'avons eu d'autre souci que celui de la vérité, du droit et de la justice et qu'il est bien loin de notre pensée de vouloir intenter jamais une action en revendication que l'on s'empresserait, par le temps qui court, de renvoyer aux calendes grecques.

VIII

UNE IMPORTANTE FONDATION

Parmi les fondations pieuses faites en faveur de la chapelle de Vigneul, voici la plus importante. Nous en faisons mention pour l'édification de nos lecteurs.

Par un acte passé le 7 septembre 1723, par devant Me Jean Thévenin, notaire royal à Montmédy, et en présence de plusieurs témoins, dont François Trembloy, « *chapelain de Vigneux* », la dame Françoise Lallemand, veuve de Rémond Farinet, a fait don d'une maison et d'un jardin pour l'établissement, « dans la chapelle érigée à *Vigneux* sous l'invocation de saint Pierre et de saint Martin », de la fondation ci-dessous, à savoir :

« *Qu'une messe du Très-Saint-Sacrement sera célébrée, chaque année et à perpétuité tous les jeudis de l'année, avec bénédiction du Saint-Sacrement le premier jeudi du mois, à l'intention de son mari défunt, d'elle-même et de ses enfants, à charge par le chapelain de fournir le luminaire* ».

Cette maison et ce jardin se trouvaient au Saulcy. Nous ignorons l'emplacement exact.

IX

LE BUDGET DES CULTES, DETTE OBLIGATOIRE DE L'ÉTAT
VIS-A-VIS DU CLERGÉ

Comme on peut en juger d'après tout ce qui a été dit précédemment, les revenus de la chapelle de Vigneul étaient assez considérables et devaient largement suffire à l'entretien et à la subsistance du chapelain.

Or, nous l'avons noté dans un chapitre précédent, c'est en retour de ces biens appartenant aux églises et aux chapelles paroissiales — car ce qui existait à Vigneul existait aussi ailleurs — et dont la Nation s'était emparé en 1791-92-93, que l'Etat s'était engagé, par le Concordat de 1801, à servir annuellement un traitement convenable aux ministres du culte.

L'indemnité concordataire que nous recevions jusqu'ici nous était donc *strictement due*, n'étant que la compensation de biens nous ayant été légués à perpétuité en la personne de nos prédécesseurs et nous appartenant en propre par la volonté non rétractée des donateurs.

Et ainsi nous avons sous les yeux, rien que dans ce petit village de Vigneul, une preuve étonnamment éloquente que la République, en supprimant, par la loi du 9 décembre 1905, le budget des cultes, a trahi les plus solennels engagements, manqué à la parole donnée, violé la fidélité politique due aux traités et commis un véritable vol.

Que la République supprime les traitements ecclésiastiques, soit ! Mais alors qu'elle nous rende ces biens, dont la valeur était certainement double, il y a 150 ans, et, à la satisfaction de tous, prêtres et laïques, les pasteurs pourront remplir honorablement les fonctions de leur ministère sans se trouver dans la cruelle nécessité d'imposer *un impôt du culte* aux fidèles.

X

QUE DEVIENDRONT LES FONDATIONS ?

Et tout ceci ne nous donne-t-il pas une idée exacte de ce que pourront devenir, dans un temps plus ou moins long, les fondations actuelles ?

Le passé, en effet, nous apporte les enseignements les plus graves et nous autorise à concevoir les craintes les plus sérieuses.

Ce qui s'est fait il y a 115 ans peut parfaitement se reproduire encore.

Que voyons-nous dans le passé ?

Ne considérons que notre village de Vigneul.

Nous voyons la confiscation pure et simple de biens très légitimement légués ; la confiscation pure et simple — (voir la décision du Conseil municipal de Vigneul, avril 1905) — de biens grevés de charges et obligations officiellement et légalement reconnues ; le reniement de ces charges et obligations ; la suppression, au grand détriment spirituel des fondateurs, de messes fondées à perpétuité ; par le fait, la violation des droits les plus sacrés.

Que verrons-nous dans l'avenir ?

Contentons-nous de citer ici la loi de 1905. Elle est suffisamment instructive :

« ART. 5. — Les biens qui ne sont pas grevés d'une fondation pieuse créée postérieurement à la loi du 18 germinal an X feront retour à l'Etat ».

C'est-à-dire que toutes les fondations antérieures au Concordat et qui existent encore sont tout simplement supprimées et les biens sur lesquels elles reposent repris par l'Etat.

« ART. 7. — Les biens grevés d'une affectation charitable ou de toute autre affectation étrangère à l'exercice du culte seront attribués, par les représentants légaux des établissements ecclésiastiques, aux services ou établissements publics ou d'utilité publique dont la destination est conforme à celle desdits biens ».

Cela signifie que les revenus d'une fondation établie pour l'entretien d'une école libre seront immédiatement confisqués par l'Etat au profit de l'école laïque ou que les revenus d'une fondation établie pour distribuer, par l'intermédiaire de la Fabrique ou du Curé, des secours en argent ou en nature aux indigents en général, ou à certaines catégories d'indigents déterminées, seront attribués, malgré la volonté formellement exprimée des donateurs, aux bureaux d'assistance ou de bienfaisance.

« ART. 9. — A défaut d'Association cultuelle pour recueillir les biens d'un établissement public du culte, ces biens seront attribués par décret aux établissements communaux d'assistance ou de bienfaisance situés dans les limites territoriales de la circonscription ecclésiastique intéressée. »

Si donc, au 1er janvier 1907, nous n'avons pas d'Association cultuelle, nos fondations disparaissent par le fait même. Les titres qui les représentent seront mis sous séquestre, c'est-à-dire, confiés à un administrateur civil et au bout de quelque temps, s'il n'y a toujours pas d'Association, remis aux bureaux communaux d'assistance et de bienfaisance.

Or, le résultat n'est-il pas identique? 1793 et 1906 ne se touchent-ils pas d'une façon étonnante? N'est-ce pas la même confiscation des biens, la même répudiation des charges, la même violation des droits des tiers, le même mépris de la liberté et du droit de propriété des citoyens?

Telle est la leçon dont nous avons parlé plus haut. Elle se tire d'elle-même et elle ne peut échapper à personne.

XI

HABITATION DU CHAPELAIN

CHAPELAINS ET DESSERVANTS DE VIGNEUL

Nous n'avons pas de données certaines sur la maison

habitée par le chapelain, lorsque celui-ci fut tenu, en vertu de l'accord de 1688, de résider à Vigneul.

Il y avait bien, tout en haut du village, dans la partie Nord qui regarde du côté de Thonne-les-Prés, une vieille maison que l'on appelait autrefois « *la Maison du Curé* ou *le Presbytère* ».

(Elle est remplacée aujourd'hui par une remise appartenant à M. Nicolas Jacob.)

Mais cette maison, au dire des anciens, était tellement exiguë et d'un aspect tellement misérable, tant à l'intérieur qu'à l'extérieur, que l'on doute si, réellement, elle fut uti isée comme demeure du chapelain.

Elle prenait jour par de petites fenêtres de 50 centimètres carrés pourvues de petits carreaux garnis de plomb.

C'est là qu'est mort, il y a une trentaine d'années, le berger communal, Gabriel Peter.

Cependant, d'après de nombreux témoignages, il paraît certain que le vicaire *Huart*, dont nous citons le nom plus bas, y a habité en 1791 et au-dessus, et y est mort au commencement de 1792.

Dans ces conditions on peut très bien admettre que ses prédécesseurs y ont habité aussi.

L'acte de sépulture du desservant Huart, laquelle eut lieu à Vigneul, est signé de *Urbain*, curé de Montmédy, et de *Gabriel*, vicaire à Montmédy.

*
* *

Jusqu'à la Révolution nous n'avons pu retrouver que deux noms de chapelains :

Désiré ROSSIGNON, 1679
François TREMBLOY, 1723

Pendant la Révolution, deux également :

HUART, 1791
ROMAGNY, 1791

En 1792, les actes religieux sont signés : *A. Honn*, desservant de *Han-les-Juvigny,*

Pendant la période révolutionnaire, de 1793 à 1801, les sacrements ont été administrés par *M. Beaudart*, curé de *Quincy*, comme en font foi les actes dressés plus tard, d'après les attestations des habitants de Vigueul, par le vicaire *Jacquemin*.

A partir du rétablissement du culte, voici comment, si nous nous en rapportons aux registres des baptêmes, mariages et sépultures, Vigneul nous paraît avoir été desservi.

Le vicaire-desservant ne résidait plus à Vigneul, mais à Montmédy.

Leclercq, jésuite, 1802-1803

Gillardin, 1803-1808

Jacquemin, 1808-1810

De 1810 à 1817 nous trouvons, sans aucune suite et entremêlées, les signatures de :

Nicolas-François Baudot, curé de Montmédy.

A. Honn, vicaire de Montmédy.

F. Génin, ancien curé de Murvaux, prêtre habitué à Montmédy.

Paul Andreu, espagnol, religieux de Notre-Dame de la Merci.

A. Orioli, prêtre italien.

Michel-Antoine Létamendy, prêtre espagnol.

A partir de 1817, nous lisons dans les actes de Thonne-les-Prés la formule suivante : « *Je soussigné......, vicaire de Thonne-les-Prés et* Vigneul, *résidant à Thonne-les-Prés...*»

Il apparaît donc qu'à dater de cette année 1817, si ce n'est plus tôt, on a confié, plus spécialement et presque d'une façon définitive, la desserte de Vigneul au vicaire de Montmédy qui était chargé de Thonne-les-Prés et qui avait sa résidence permanente dans ce village.

Depuis la Révolution, Thonne-les-Prés était devenue aussi chapelle vicariale de la cure de Montmédy.

Le premier qui emploie cette formule est le desservant *Jactel,* et dès lors, tous les actes, tant à Thonne-les-Prés qu'à

Vigneul, seront signés des mêmes noms et les vicaires se succèderont dans l'ordre suivant :

Jean-Nicolas JACTEL, 1817-1821.
Philippe LEHURAUX, 1821-1826.
Louis DENY, 1826-1828.
DEFRANCE, 1828-1829.
P.-F. PROTH, 1829-1832.
GUEUSQUIN, 1832-1834.
Jean-Nicolas CARDON, 1834-1839.

Le 13 février 1839, le vicariat de Thonne-les-Prés est érigé en succursale par une ordonnance du roi Louis-Philippe, et le 22 février suivant, Mgr Letourneur, évêque de Verdun, déclare, dans l'Article 1er de son ordonnance épiscopale, que « les deux communes de Thonne-les-Prés et de Vigneul-sous-Montmédy, avec leur territoire et dépendance, formeront à l'avenir une paroisse spéciale et distincte sous le titre de succursale de Thonne-les-Prés....., et qu'en conséquence, lesdites communes et leurs territoires respectifs seront affranchis de toute dépendance à l'égard de la paroisse de Montmédy. »

Vigneul est donc détaché de Montmédy et devient désormais officiellement et légalement annexe de Thonne-les-Prés.

A la même date du 22 février 1839, Mgr Letourneur institue, par lettre particulière, M. l'abbé *Jean-Nicolas Cardon,* alors vicaire, curé de Thonne-les-Prés et Vigneul-sous-Montmédy.

* * *

NOMS DES CURÉS DE THONNE-LES-PRÉS ET VIGNEUL
DEPUIS 1839

Jean-Nicolas CARDON, 22 février 1839, décédé le 9 septembre 1889.

Auguste MARANDEL, 1er novembre 1889, transféré à Lamorville au mois de mars 1894 et à Avocourt au mois de février 1905.

Charles LEMOYNE, depuis le 1er mars 1894.

*
* *

A titre de curiosité :

L'annexion de Vigneul à Thonne-les-Prés n'alla pas sans soulever quelque mécontentement parmi les habitants et sans provoquer de leur part de vives réclamations.

Voici un rapport qui fut rédigé immédiatement et qui renferme l'exposé de leurs plaintes.

Il nous semble préférable de le reproduire en entier plutôt que de le résumer ; il intéressera sûrement nos lecteurs :

Depuis plusieurs années, la commune de Thonne-les-Prés demandait à être érigée en succursale et avait toujours échoué dans ses tentatives à ce sujet. Il y a environ 5 ans, elle proposait encore au conseil municipal de la Ville de Montmédy d'accueillir sa demande et qu'il voulût bien consentir à ce que la commune de Vigneul-sous-Montmédy, qui, comme elle, était annexe de la paroisse de Montmédy, lui fut adjointe, mais le conseil municipal de cette époque refusa formellement de proposer la distraction de Vigneul d'avec Montmédy ; il déclara au contraire qu'il désirait bien qu'il n'en fût pas ainsi.

Vers la fin de l'année dernière, la commune de Thonne-les-Prés a recommencé ses demandes. Et à cet effet il fut de nouveau présenté aux conseils municipaux de Montmédy et Vigneul une délibération tendant à obtenir l'érection de Thonne-les-Prés en succursale avec Vigneul pour annexe.

Les conseils municipaux de Montmédy et Vigneul, reconnaissant la grande difficulté qu'il y avait pour communiquer avec Thonne-les-Prés en tout temps, et notamment dans l'hiver, déclarèrent, comme ils l'avaient toujours déclaré, qu'il était impossible d'admettre la demande de la commune de Thonne-les-Prés.

Tous les jours et à toute heure de la journée, il y a des personnes qui vont à Montmédy, pour y vendre ou acheter et pour toutes autres affaires, attendu que c'est le chef-lieu de l'arrondissement ; un chemin plus beau et plus court, que celui pour aller à Thonne-les-Prés, y conduit et dans les temps d'hiver, on peut toujours éviter les mauvais pas en prenant un autre chemin qui n'est pas plus long, au lieu qu'avec Thonne-les-Prés, il n'en est pas ainsi, à moins que de faire le double de chemin, chose bien dure et bien difficile pour de jeunes enfants qui sont obligés de se rendre tous les jours à la paroisse pour les exercices relatifs à la première communion.

De tout temps la commune de Vigneul a fait partie de la paroisse de Montmédy et il serait bien pénible aux habitants de Vigneul d'en être distraits

Malgré toutes ces représentations, est intervenue une ordonnance royale du 13 février dernier, qui érige la commune de Thonne-les-Prés en succursale.

Il y a environ deux mois que M. le Vicaire de Thonne-les-Prés qui dessert également Vigneul reçut cette ordonnance. Il s'empressa d'en donner connaissance à M. le Maire de Vigneul et de lui dire que Vigneul était annexé à Thonne-les-Prés. M. le Maire lui témoigna tout le mécontentement qu'il éprouvait, non pas de ce que Thonne-les-Prés était succursale, mais seulement de ce que Vigneul y était annexé. Grand aussi fut le mécontentement des habitants sitôt qu'ils en furent instruits. Et M. le Vicaire, devenu curé, au lieu d'annoncer son affaire à ses paroissiens le même jour qu'il l'avait annoncée à M. le Maire, se contenta de leur en dire quelques mots laconiques et leur dit qu'il leur ferait connaître cela le dimanche suivant. En effet, le dimanche d'après, au moment de prêcher, M. le Curé donna lecture de l'ordonnance royale dont il est question, mais aucun des assistants ne lui a entendu lire que Vigneul était annexe de Thonne-les-Prés ; lui-même n'en a pas parlé. Seulement il leur a dit : *Vous serez beaucoup mieux, vous aurez le plaisir que l'on publie vos bans de mariage ici au lieu de les publier à Montmédy.*

La plupart des habitants ont compris ce que cela voulait dire et quoiqu'il leur ait dit qu'il n'en était rien, ils n'ont pas cru à cela. Et certes il paraît qu'ils ne se sont pas trompés, car M. le Curé cantonal de Montmédy se rend à Vigneul tous les ans, le lundi des Rogations, pour y faire la procession, mais, cette année, on ne l'y a pas vu ; on n'a vu que M. le curé de Thonne-les-Prés.

Il s'agit maintenant de savoir d'où provient que Vigneul est annexé à Thonne-les-Prés, qui a le droit d'en prononcer l'annexion et à qui on peut réclamer, car, si toutefois il y a possibilité, les habitants de Vigneul sont tout prêts à le faire.

Il ne rentre pas dans notre cadre de discuter cette protestation, nous l'avons publiée seulement à titre de curiosité.

Aussi bien, nous aimons à croire que les habitants actuels de Vigneul n'éprouvent plus les sentiments de leurs pères et qu'ils comprennent aisément qu'il y a plutôt intérêt pour eux, au point de vue spirituel, à être rattachés à Thonne-les-Prés.

Les chemins sont devenus meilleurs ; les enfants ne sont plus jamais obligés comme autrefois de se rendre à la paroisse ; il est même plus facile et plus court de communiquer avec Thonne-les-Prés qu'avec Montmédy ; d'autre part le clergé de Montmédy est très restreint ; les deux vicaires desservent déjà chacun une annexe ; le curé de Thonne-les-Prés peut disposer de plus de temps pour s'occuper de l'organisation des fêtes religieuses, principalement des premières communions, etc., etc.

Pour ces motifs et d'autres, qu'il serait trop long d'énumérer, Vigneul semble plutôt être l'annexe naturelle de Thonne-les-Prés.

XII

LA NOUVELLE ÉGLISE

Les outrages de la Révolution et les injures du temps ayant compromis la solidité de la chapelle et celle-ci devenant en outre insuffisante pour contenir la population, le conseil municipal, qui avait alors pour maire M. Grandjean Pierre et pour adjoint M. Magot Henri, se préoccupa de la constrution d'une nouvelle église.

L'ancienne chapelle, comme nous l'avons rappelé, avait donc été construite en 1620. En 1771, elle avait été l'objet de réparations importantes.

Au sein du conseil municipal, si l'on était d'accord pour reconnaître la nécessité de construire un édifice nouveau, on était par contre complètement divisé sur le choix de l'emplacement.

Cette division provoqua même la démission de l'adjoint.

Mais le feu se chargea de ramener l'union et l'unanimité de sentiments parmi les édiles de Vigneul.

Un incendie, en effet, se déclara au mois de décembre 1862, qui fit disparaître la maison Melier, au centre du village, et le conseil décida immédiatement d'acheter le terrain.

L'acquisition eut lieu en 1863.

On choisit M. Max, de Bar-le-Duc, comme architecte, et, aussitôt les plans et devis terminés et approuvés, les travaux furent adjugés, au mois de décembre 1863, à M. Lemoine, entrepreneur à Villers-devant-Dun.

Sur les entrefaites, M. Motelet Arthur avait succédé à la mairie à M. Grandjean (30 juin 1863).

La nouvelle église est construite dans le style gothique. Les contreforts renfermés à l'intérieur forment bas-côtés.

Elle est gracieuse, plaisante et parfaitement éclairée.

Le chevet est tourné du côté du Nord-Ouest et le

portail regarde le pont sur la Chiers et la route de Montmédy.

Les dépenses pour le bâtiment seul, en dehors de l'ameublement et du majestueux perron qui se dresse en avant, s'élevèrent en chiffres ronds à 34.500 francs et furent couvertes par la municipalité.

*
* *

DONS PRINCIPAUX

Parmi les dons faits à l'église actuelle signalons les suivants :

Madame Veuve de Morenghe : Une somme de 3.000 fr. ; le maître-autel ; les vitraux du chœur.

M. le Vicaire Général Martin : Une somme de 1.000 fr.

Sœur Catherine Jacquemin : Les deux petits autels.

Le Comte Charles d'Imécourt : La lampe du sanctuaire.

Il en est beaucoup d'autres encore dont le détail nous entraînerait trop loin ou dont la discrétion nous fait un devoir de ne pas parler.

*
* *

BÉNÉDICTION DE L'ÉGLISE

La nouvelle église fut bénite le 24 octobre 1865 par Mgr Louis ROSSAT, évêque de Verdun, assisté de M. MARTIN, vicaire général, de MM. CARDON, curé de Thonne-les-Prés et Vigneul, HENRY, chanoine honoraire de la cathédrale, curé de Marville, promoteur du canton, LEGENDRE, curé-doyen de Stenay, LOUPPOT, curé de Sorbey, prédicateur de la cérémonie, et d'un grand nombre d'autres ecclésiastiques.
dent, à trois heures de l'après-midi, à Mont-devant-Sassey, par Nicolas-Gustave FARNIER-BULTEAUX, en présence du maire de Vigneul.

Chacune d'elles porte les noms de sa marraine respective.

Assistaient notamment à la cérémonie et ont signé au registre :

Elle fut dédiée à saint Pierre et placée solennellement sous son patronage et son invocation.

Etaient présents comme témoins :

Madame Veuve Fruict de Morenghe ;

MM. Delacroix, sous-préfet de Montmédy ;

Motelet Arthur, maire de Vigneul ;

Magot, adjoint ;

Prud'homme, Magny, Pierret, Baudot Nicolas, Grandjean, Courtois, Falala, Jacquemin, conseillers municipaux ;

Le Comte Charles d'Imécourt, maire de Louppy-sur-Loison ;

Delaval, notaire, ancien maire de Montmédy ;

Max, architecte diocésain ;

Lemoine, entrepreneur ;

Meslier de Rocan.

*
* *

BÉNÉDICTION DES CLOCHES

Le beffroi renferme trois cloches, d'un poids total de 750 kilogrammes.

La bénédiction en fut faite, le 22 février 1866, par M. l'abbé Cardon, curé de la paroisse.

La plus grosse a eu pour parrain : Marie-Léopold MARTIN, vicaire général de Verdun, représenté par Pierre-Désiré DELAVAL, notaire à Montmédy ; et pour marraine, Cornélie-Julie-Marie TAFFIN d'HEURSEL, veuve de Bon-Alexis-Eugène FRUICT DE MORENGHE, de Thonne-les-Prés.

La moyenne a eu pour parrain : Charles-Ferdinand-Philippe DE VASSINHACH, Comte d'IMÉCOURT et pour marraine Gabrielle-Marie-Thérèse FRUICT DE MORENGHE.

Enfin la petite a eu pour parrain :

Pierre-Henri-Anatole-Arthur MOTELET, maire de Vigneul, et pour marraine : Marie-Françoise-Amélie FRUICT DE MORENGHE.

Ces cloches avaient été fondues, le jeudi 15 février précé-

M. l'Abbé Legendre, curé-doyen de Stenay et prédicateur de la fête ;

M. Delacroix, sous-préfet de Montmédy ;

M. Lorrain, receveur principal des douanes ;

Et MM. les Curés des paroisses voisines.

CONCLUSION

En écrivant ce dernier chapitre, nous ne pouvons nous défendre de songer, avec une certaine tristesse, au déchaînement de plus en plus accentué des passions antireligieuses dans notre pays et de nous demander : Quel sera demain le sort de nos églises ?

Aussi notre dernier mot consistera-t-il à exprimer un souhait :

C'est que les craintes éprouvées à l'heure présente par les catholiques ne se réalisent jamais !

C'est que les catholiques n'aient plus jamais la douleur de voir, dans un nouvel orage révolutionnaire, leurs temples fermés, désaffectés, profanés !

C'est que, dans notre gracieuse petite église de Vigneul, comme dans toutes les églises de France, pendant de longs siècles encore et sans interruption, les nouveaux-nés soient purifiés par le baptême, les adolescents s'assoient au banquet divin de la Première Communion, les jeunes époux échangent leurs serments et les restes mortels des défunts reçoivent les bénédictions de la Religion.

Que Dieu exauce notre souhait et qu'il bénisse et protège nos paroissiens !

C'est la conclusion naturelle sous la plume du Pasteur.

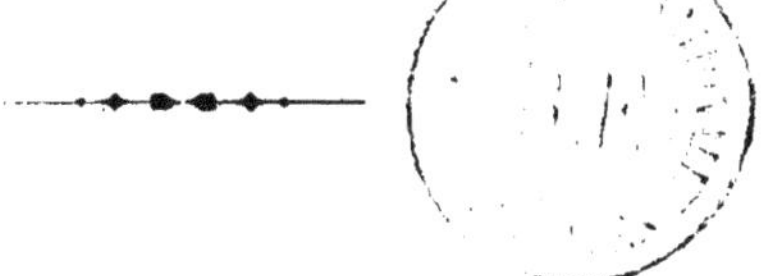

TABLE DES MATIÈRES

9 782019 939052